Técnicas para dibujar patrones

Un patrón es la repetición de líneas y formas, y puede ser simple o complejo, dependiendo de lo que prefieras y del espacio que quieras rellenar. Incluso los patrones complicados comienzan con una línea o forma sencilla.

Repetición de formas (separadas)
Las formas y las líneas son la base de los patrones. A continuación te presentamos unos sencillos ejemplos de formas que fácilmente podemos convertir en patrones:

Antes de convertir estas formas en patrones, vamos a adornarlas un poco delineándolas con trazos dobles (repasar una línea más de una vez para que sea más gruesa) y añadiendo formas dentro y fuera.

Para crear un patrón a partir de estas formas adornadas, lo único que tienes que hacer es repetirlas, como se muestra abajo. También puedes agregar formas pequeñas entre las formas adornadas. Observa a continuación:

Estos se llaman patrones "separados" porque no están unidos a una línea (como los que se describen en el siguiente ejemplo). Puedes usar los patrones separados para rellenar espacios en donde quieras y pueden ser grandes o pequeños, cortos o largos, según lo requiera tu dibujo.

Tip

Primero dibuja los patrones con lápiz y después remárcalos con negro o con color. O puedes dibujarlos con tinta negra y después añadirles color. O puedes dibujarlos con color desde el inicio. ¡Experimenta con las tres técnicas para ver cuál te funciona mejor!

Tip

Si usas plumones formas y patrones a estas páginas, asegúrate de que la tinta esté completamente seca antes de colorear sobre ellos porque la tinta puede correrse.

Repetición de formas (unidas a una línea)
Comienza con una línea y dibuja formas sencillas que se repitan a lo largo de ella. A continuación adorna cada forma delineándola, haciendo trazos dobles y añadiendo formas dentro y fuera. Mira el siguiente ejemplo:

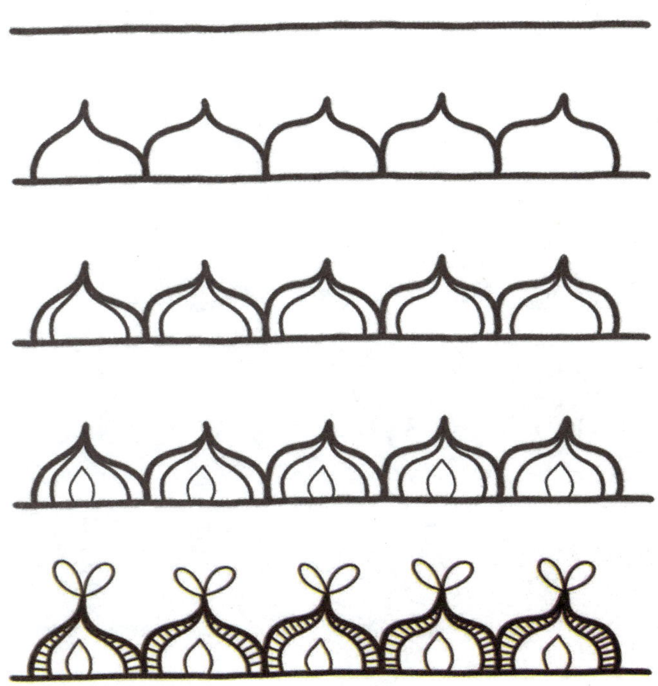

También puedes dibujar formas entre un par de líneas, así:

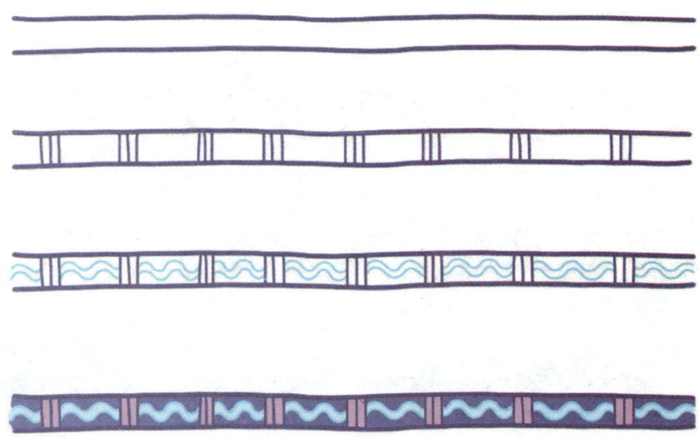

Para adornar una línea decorativa
También puedes crear patrones a partir de una simple línea decorativa, como una espiral u ondas, y añadirle después más detalles. Aquí tienes algunos ejemplos de líneas decorativas.

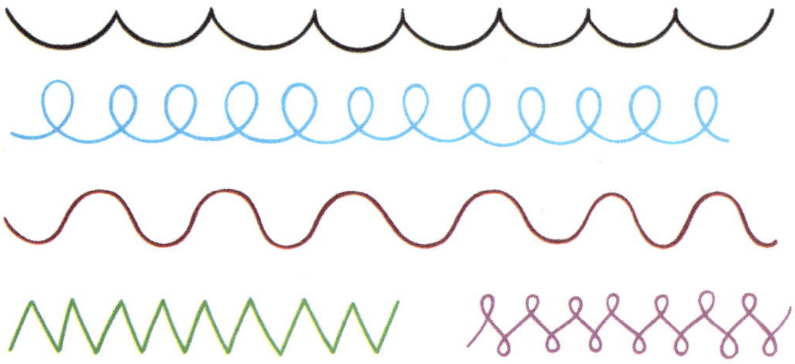

A continuación adorna una línea remarcándola, haciendo doble trazo y añadiendo formas arriba y debajo de ella, como se muestra a continuación:

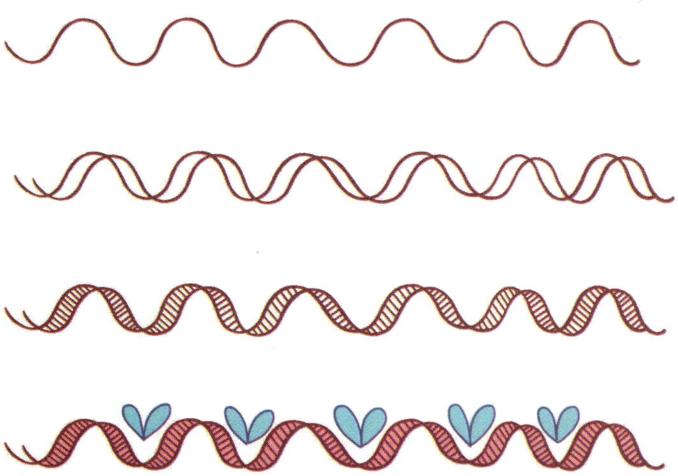

Repetición de color
Lo patrones también pueden hacerse repitiendo esquemas de colores. Crea efectos dinámicos alterando los colores de las formas en los patrones para que los mismos colores creen un patrón.

Tip

Los patrones no necesariamente tienen que seguir una línea recta; pueden hacer curvas, zigzag, aros o ir en la dirección que quieras. Puedes dibujar patrones sobre líneas curvas y que las formas sigan el trazo de la línea debajo o sobre ella.

Estos patrones se ven increíbles cuando están unidos al perímetro interior o exterior de un dibujo, como en la parte interna del pétalo de una flor o del ala de una mariposa.

Técnicas y materiales para colorear

Mi forma favorita de colorear es combinando diferentes materiales, de manera que aprovecho lo mejor de cada uno. Te recomiendo que experimentes nuevas combinaciones de material; utiliza una hoja para hacer pruebas de capas de colores y materiales para que descubras lo que funciona y lo que no. Es buena idea hacer estas pruebas en un cuaderno y que registres los colores y las marcas que usaste para futuras referencias.

Plumones y lápices de colores

Suaviza áreas coloreadas con plumón repasándolas con lápices de colores. Comienza coloreando con suavidad y añade más intensidad si es necesario.

Primero haz pruebas con diferentes colores en un papel aparte para asegurarte de que combinan. Aunque no necesariamente tienes que combinarlos si no quieres. Mira los increíbles efectos que puedes lograr al poner un color diferente sobre el plumón.

Plumones (horizontales) sobrepuestos con lápices de colores (verticales).

Plumón púrpura sobrepuesto con lápices de colores blanco y azul. Plumón amarillo sobrepuesto con lápices de colores naranja y rojo.

Plumones y plumas de gel

Los plumones y las plumas de gel van de la mano. Los plumones rellenan rápidamente las áreas grandes, mientras que la punta fina de las plumas de gel nos permiten añadir divertidos detalles.

Las plumas de gel blanco son muy divertidas para dibujar sobre tonos oscuros; mientras que las plumas de gel con brillos son fabulosas para acentuar elementos luminosos.

Sombras

Sombrear es una manera excelente de añadir profundidad y complejidad a un dibujo. Poner un color sobre otro es suficiente para indicar una sombra. Y, claro, puedes mezclar diferentes materiales para crear sombras.

Coloreado con plumones; se sombrean las esquinas internas de cada pétalo con lápices de colores para crear la sensación de que están superpuestos.

Coloreado y sombreado con lápices de colores.

Se añadieron líneas y puntos con tinta negra para indicar las sombras y después se colorearon con plumones.

Teoría del color

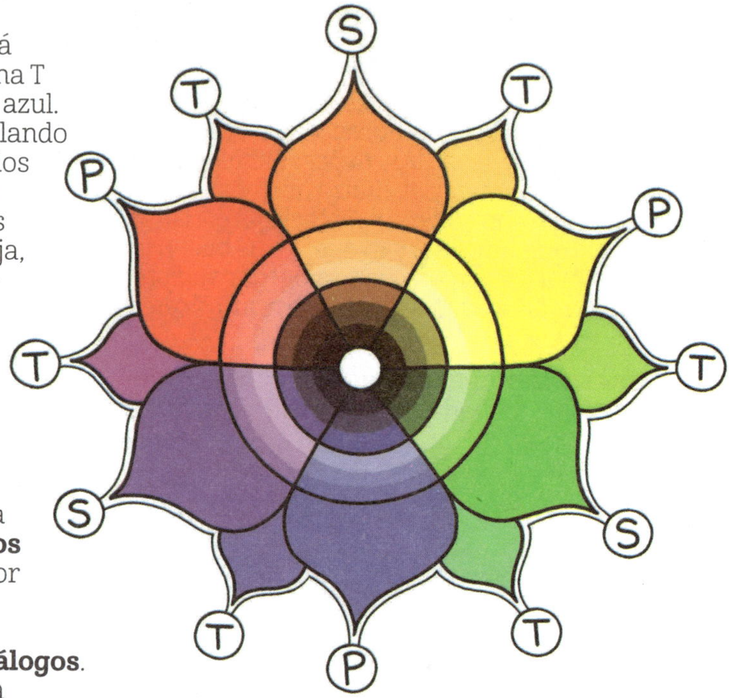

Mira qué preciosidad de rueda de color. Cada color está marcado con una P (primario), una S (secundario), o una T (terciario). Los **colores primarios** son rojo, amarillo y azul. Se llaman "primarios" porque no pueden crearse mezclando otros colores. La mezcla de los colores primarios crea los **colores secundarios**, que son el naranja, el verde y el púrpura (violeta). La mezcla de los colores secundarios crea los **colores terciarios**, que son el amarillo-naranja, el amarillo-verde, el azul-verde, el azul-violeta, el rojo-violeta y el rojo-naranja.

En el centro de los seis grandes pétalos hay tres hileras de colores más tenues llamados claros. Un **color claro** es un color con blanco. Después de los claros verás que hay tres hileras de colores más fuertes, llamados oscuros. Un **color oscuro** es un color con negro.

Se considera que los colores que se encuentran en la mitad superior de la rueda del color son **colores cálidos** (rojo, amarillo, naranja) y los colores de la mitad inferior se llaman **colores fríos** (verde, azul, púrpura).

Los colores opuestos en la rueda se llaman **complementarios** y los que están juntos se llaman **análogos**.

Observa los ejemplos y analiza la manera en que cada combinación de colores afecta la apariencia y la "sensación" que transmite la mariposa. Para inspirarte todavía más, mira las figuras coloreadas de las siguientes páginas. Identifica las muestras que se encuentran al final de la página con los colores que se eligieron para cada dibujo.

Colores cálidos

Colores fríos

Colores cálidos con detalles fríos

Colores fríos con detalles cálidos

Colores claros y matices de rojo

Colores claros y matices de azul

Colores análogos

Colores complementarios

Colores complementarios divididos

VISUALIZE
WORLD
PEACE

PeACe

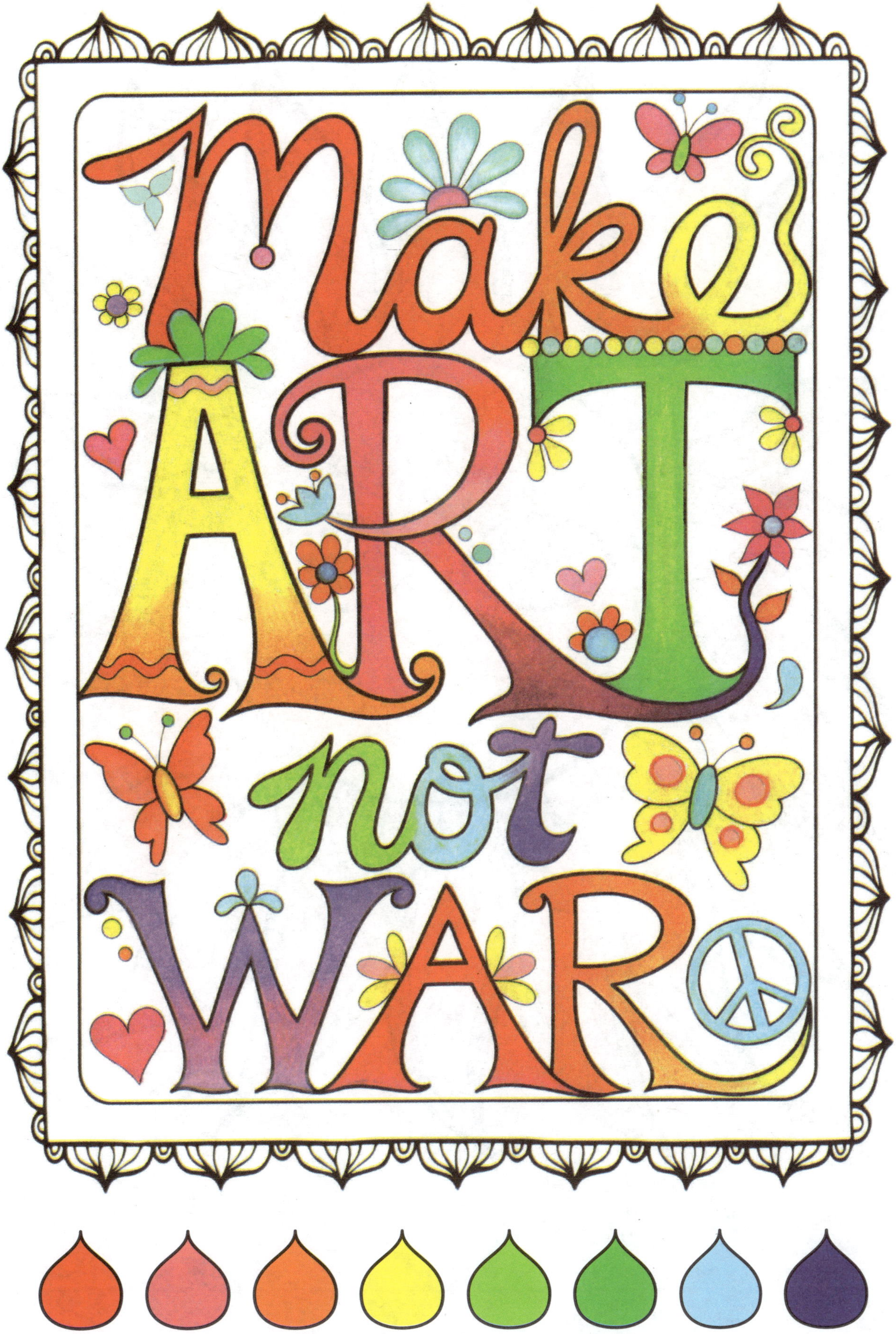
Make
ART
not
WAR

love

Si alguien cree que amor y paz es un cliché que debió quedarse en los sesenta, es problema suyo. Amor y paz es para siempre.

—John Lennon

Me siento bien, de una manera especial.
Estoy enamorado y es un día soleado.
Un lindo día soleado.

—The Beatles, *Good Day Sunshine*

love

Lo único que necesitas es amor.
Amor es lo único que necesitas.

—The Beatles, *All You Need Is Love*

Que la mañana deje caer sus pétalos sobre mí.
Vida, te amo.
La vida es *groovy*.

—Simon and Garfunkel, *The 59th Street Bridge Song (Feelin' Groovy)*

El día en que el poder del amor sea mayor que el amor al poder, el mundo conocerá la paz.

—Jimi Hendrix

Preferiría traer flores en el cabello que diamantes alrededor de mi cuello.

—Emma Goldman

Quiero sentirme tan libre como las flores.

—Desconocido

VISUALIZE
WORLD
PEACE

Si quieres hacer que el mundo sea un lugar mejor, mira dentro de ti y después cambia.

—Michael Jackson, *Man in the Mirror*

El amor es una amistad sintonizada
a la música.

—Joseph Campbell

Lo único que quiero es paz, amor y una barra de chocolate más grande que mi cabeza.

—Desconocido

one
love

¡Un amor! Un corazón.
Hay que juntarnos y sentirnos bien.

—Bob Marley, *One Love/People Get Ready*

Sigue tu dicha y el universo abrirá puertas donde solo había muros.

—Joseph Campbell

Somos polvo de estrellas.
Somos de oro.
Y necesitamos conseguir
nosotros mismos
volver al jardín.

—Joni Mitchell, *Woodstock*

peace

Discúlpenme mientras beso al cielo.

—Jimi Hendrix, *Purple Haze*

Sujeta manos, no rencores.

—Desconocido

Haces que todo sea *groovy*.
Criatura salvaje.

—Jimi Hendrix, *Wild Thing*

Inhala paz, exhala amor.

—Desconocido

Con nuestro amor podríamos salvar al mundo.

—George Harrison

Make
ART
not
WAR

Puedes sacudir al mundo, de manera sutil.

—Mahatma Gandhi

No queda nada más que hacer, solo sonreír, sonreír, sonreír.

—Grateful Dead, *He's Gone*

PeACe

No te ganes al mundo y pierdas tu alma.
La sabiduría es mejor que la plata y el oro.

—Bob Marley, *Zion Train*

La paz siempre es hermosa.

—Walt Whitman

No lo pienses dos veces, todo está bien.

—Bob Dylan, *Don't Think Twice, It's All Right*

Love is
all around

Quizá digas que soy un soñador,
pero no soy el único.
Espero que algún día te unas a nosotros
y el mundo viva como uno solo.

—The Beatles, *Imagine*

Tomé la decisión de empezar de nuevo.
Ir a California con un dolor en el corazón.
Alguien me dijo que por ahí hay una chica
con ojos amorosos y flores en el cabello.

—Led Zeppelin, *Going to California*

Vamos gente.
Sonríele a tu hermano.
Júntense todos.
Traten de amarse unos a otros ahora.

—The Youngbloods, *Get Together*

Flower
Power

Como un hijo de la naturaleza,
nacimos.
Nacimos para ser libres.

—Steppenwolf, *Born to Be Wild*

LAUGH
PEACE
SMILE
BE
LOVE
JOY
DREAM

No soy un hombre inteligente, pero sé qué es el amor.

—Forrest Gump

Y si quieres ser libre,
sé libre.
Pues hay un millón de cosas que puedes ser.

—Cat Stevens, *If You Want To Sing Out, Sing Out*

Y al final, el amor que tomas
es igual al amor que haces.

—The Beatles, *The End*